L'HISTOIRE COMPARÉE

DU DROIT

ET

L'EXPANSION COLONIALE

DE LA FRANCE

*Communication faite le 27 juillet 1900 au Congrès d'histoire
comparée (section d'Histoire du droit et des institutions)*

PAR

E. JOBBÉ-DUVAL,

PROFESSEUR A LA FACULTÉ DE DROIT DE L'UNIVERSITÉ DE PARIS

(Extrait des *Annales internationales d'histoire.*)

MACON

PROTAT FRÈRES, IMPRIMEURS

—

1902

L'HISTOIRE COMPARÉE DU DROIT

ET

L'EXPANSION COLONIALE DE LA FRANCE

OUVRAGES DU MÊME AUTEUR

Étude sur la condition résolutoire en Droit romain, l'histoire du retrait lignager et la vente à réméré, Thorin, 1874.

Étude historique sur la revendication des meubles en Droit français, Larose, 1881.

Études sur l'histoire de la procédure civile chez les Romains, tome I, A. Rousseau, 1896.

La commune annamite d'après de récents travaux, Larose, 1896.

Mémoires du baron de Bonnefoux,. capitaine de vaisseau, 1782-1855, publiés avec une préface et des notes, Plon-Nourrit, 1900.

L'HISTOIRE COMPARÉE

DU DROIT

ET

L'EXPANSION COLONIALE

DE LA FRANCE

Communication faite le 27 juillet 1900 au Congrès d'histoire
comparée (section d'Histoire du droit et des institutions)

PAR

E. JOBBÉ-DUVAL,

PROFESSEUR A LA FACULTÉ DE DROIT DE L'UNIVERSITÉ DE PARIS

(Extrait des *Annales internationales d'histoire.*)

MACON

PROTAT FRÈRES, IMPRIMEURS

—

1902

(C.)

L'HISTOIRE COMPARÉE DU DROIT

ET L'EXPANSION COLONIALE DE LA FRANCE

———

MESSIEURS,

En vue de découvrir les lois du développement de l'humanité, la science de l'histoire comparée du droit s'efforce de classer les sociétés d'après leurs caractères fondamentaux et de grouper les institutions de telle sorte que la découverte de l'une d'elles dans un milieu social donné, à une époque donnée, permette d'en déduire, au moins avec une grande vraisemblance, l'existence des institutions appartenant à la même série.

Pour atteindre ce but, l'étude méthodique et patiente des civilisations anciennes s'impose en premier lieu, œuvre immense que l'érudition contemporaine aborde avec courage mais qu'elle est encore loin d'avoir menée à son terme. Si donc il convient d'affirmer une fois de plus la haute portée sociale des recherches consacrées aux législations antiques et en particulier au droit romain, il importe cependant de ne pas négliger les sociétés encore vivantes qui peuvent être l'objet d'une observation directe. Les récits des voyageurs contemporains permettent souvent de mieux comprendre les textes classiques, tandis que la connaissance du droit ancien et moderne s'impose à qui veut interpréter les institutions de l'Extrême Orient ou les coutumes des peuples encore peu civilisés.

Parmi les États dont l'organisation sociale diffère de la nôtre, les colonies européennes et les pays de protectorat doivent naturellement attirer d'une façon particulière notre attention et cela pour deux motifs.

Si, en effet, l'étude des coutumes indigènes peut se réaliser plus aisément, grâce à la présence de nombreux Européens, administrateurs, résidents, magistrats, missionnaires ou colons, cette étude offre non seulement un intérêt scientifique mais un intérêt politique de premier ordre.

Pour diriger avec succès les indigènes il importe de les comprendre ; connaître leurs idées, leurs coutumes, leurs superstitions, tel doit être le premier but à atteindre. La science de l'histoire comparée du droit peut d'ailleurs rendre à la colonisation les services les plus considérables en combattant d'absurdes préjugés et des dédains injustifiés, en nous montrant l'origine historique et la raison d'être dans un état social donné des institutions qui choquent le plus notre sentiment actuel de l'équité. Sous prétexte d'apporter à nos nouveaux sujets le progrès tel que nous le comprenons, gardons nous de troubler une organisation qui répond à leurs besoins. Les malentendus peuvent être terribles entre des races que sépare une évolution de plusieurs milliers d'années.

Comment constater les coutumes actuellement en vigueur dans les colonies européennes? Tel est donc le problème à résoudre. Dans cette brève communication, nous désirons exposer rapidement l'histoire des efforts accomplis dans les colonies françaises, espérant que de l'échange des vues pourra résulter quelque lumière sur la meilleure méthode à suivre.

I

Comme on le sait, l'histoire de la colonisation française se divise en deux périodes, l'une qui finit avec la perte presque complète de notre ancien empire colonial et l'autre qui comprend la formation progressive d'un nouvel empire.

Sous l'ancien Régime, deux missionnaires appartenant l'un et l'autre à la compagnie de Jésus le P. Lafitau et le P. Charlevoix nous ont laissé une description des mœurs des tribus indiennes de la Nouvelle France.

Le P. Lafitau[1], qui écrivait en 1724, avait vécu cinq ans au Canada ; mais il s'appuie surtout sur le témoignage du P. Julien Garnier qui, dit-il, évangélise les sauvages depuis soixante ans et possède à fond la langue algonquine, la huronne et les cinq dialectes de celle des Iroquois.

Comme l'indique le titre même de son ouvrage il étudie les coutumes des Iroquois et des autres nations de l'Amérique du Nord non pas seulement en elles-mêmes mais dans leurs rapports « avec les mœurs des premiers temps » pour employer ses propres expressions. A ce point de vue, le P. Lafitau apparaît comme un précurseur.

« J'avoue, dit-il (t. I, p. 3), que si les auteurs anciens m'ont donné des lumières pour appuyer quelques conjectures heureuses touchant les sauvages, les coutumes des sauvages m'ont donné des lumières pour entendre plus facilement et pour expliquer plusieurs choses qui sont dans les auteurs anciens ». On ne saurait mieux dire et voilà de quoi répondre à ceux qui seraient tentés aujourd'hui de nous accuser de hardiesse[2].

---

1. *Mœurs des sauvages amériquains comparées aux mœurs des premiers temps*, par le P. Lafitau, de la Compagnie de Jésus, Paris; 1724, 2 vol. in-4°.
2. L'esprit dans lequel le P. Lafitau écrit son ouvrage ne saurait d'ailleurs être le même que le nôtre : « On ne doit, dit-il, t. I, p. 5, étudier les mœurs que pour former les mœurs et il se trouve partout quelque chose dont on peut tirer avantage. »

En dehors de cette intéressante déclaration de principes nous ne pouvons guère signaler aujourd'hui dans les deux gros volumes du P. Lafitau que ce qu'il dit sur l'arbitrage dans les procès civils (t. I, p. 485) et le chapitre consacré au mariage, dans lequel il s'étend assez longuement, à titre de comparaison, sur l'ancien droit romain (t. I, p. 535 et suiv.).

Avec le livre du P. Charlevoix s'accuse pour la première fois l'encouragement donné par l'État à nos études. *Journal d'un voyage fait par ordre du roy dans l'Amérique septentrionale*, tel est le sous-titre du tome 3 de l'histoire et description générale de la Nouvelle France du P. Charlevoix [1]. On sait que notre grand Chateaubriand a beaucoup emprunté à ce voyageur. Je me borne à signaler la lettre XVI, de l'adoption d'un captif, la lettre XVIII du gouvernement des sauvages, dans laquelle l'auteur constate p. 423 que chez les Natchez de la Louisiane les récoltes se font en commun, la lettre XIX, du mariage des sauvages où il mentionne la quasi identité des coutumes de la Louisiane et de celles du Canada, la lettre XXI, sociétés particulières de deux sauvages, la lettre XXIV, pourquoi on porte à manger sur les tombeaux.

Le père Jean Baptiste Labat, de l'ordre des Frères prêcheurs, nous fait passer de la Nouvelle France au Sénégal [2].

---

1. *Histoire et description générale de la Nouvelle France*, par le P. Charlevoix, de la Compagnie de Jésus, Paris, 1744, 3 vol. in-4°. Le tome III qui forme en réalité un ouvrage à part est intitulé : *Journal d'un voyage fait par ordre du roy dans l'Amérique septentrionale*, où l'on trouvera la description géographique et l'histoire naturelle des pays que l'auteur a parcourus, les coutumes, le caractère, la religion, les mœurs et les traditions des peuples qui les habitent. Journal adressé à Madame la Duchesse de Lesdiguières.

2. *Nouvelle relation de l'Afrique occidentale* comprenant une description exacte du Sénégal et des païs situés entre le Cap Blanc et la rivière de Serrelionne, jusqu'à plus de 300 lieües en avant dans les terres, l'histoire naturelle de ces païs, les différentes nations qui y sont répandües, leurs religions et leurs mœurs, avec l'état ancien et présent des Compagnies qui y font le commerce, par le P. Jean Baptiste Labat, de l'Ordre des Frères Prêcheurs, Paris, 1728, 5 volumes in-12.

L'auteur n'a pas vu lui-même les pays dont il parle et son livre clair et fait avec beaucoup d'intelligence, sans digressions ni longueurs, se sépare, à ce point de vue, des précédents. Ce livre, *Nouvelle relation de l'Afrique occidentale*, a été fait « sur des mémoires, mais sur des mémoires de gens sages ». Les gens sages dont parle ainsi le P. Labat sont « les commandants pour le roy et les directeurs généraux pour la compagnie royale du Sénégal ». La géographie tient dans cet ouvrage plus de place que l'histoire des institutions. Il étudie néanmoins le mariage chez les Maures (t. I, p. 288) et chez les Sénégalais proprement dits (t. II, p. 298). Il parle nettement du mariage par achat.

L'Hindoustan ne saurait enfin être négligé. Déjà en 1782, un commissaire de la marine qui était en même temps un naturaliste, M. Sonnerat[1] publiait la relation de son voyage aux Indes Orientales et à d'autres pays parmi lesquels je me borne à citer Madagascar. Chargé d'une mission officielle, il avait séjourné deux ans sur la côte de Coromandel et parcouru les provinces du Carnate, du Tanjaour et du Maduré. Sans pénétrer bien profondément dans l'étude des lois et des mœurs, il décrit cependant le mariage (t. I, p. 67 à 85), les funérailles, les arts et métiers. A propos de Madagascar il signale (t. II, p. 165) l'existence des ordalies de l'eau, du poison ou tanguin, du feu.

Beaucoup plus important à notre point de vue que celui de Sonnerat, le livre de l'abbé Dubois mérite d'être tiré de l'oubli[2]. Arrivé dans le Meissour ou Maïsour au Sud de

---

1. *Voyage aux Indes orientales et à la Chine fait par ordre du roi, depuis 1774 jusqu'en 1781,* dans lequel on traite des mœurs, de la religion, des sciences et des arts des Indiens, des Pégouins et des Madégasses : suivi d'observations sur le Cap de Bonne Espérance, les Isles de France et de Bourbon, les Maldives, Ceylan, Malacca, les Philippines et les Moluques et de recherches sur l'histoire naturelle de ces pays, par M. Sonnerat, commissaire de la marine, naturaliste pensionnaire du roi, correspondant de son cabinet et de l'Académie royale des sciences de Paris, membre de celle de Lyon, Paris, 1782, 2 volumes in-4°.

2. *Mœurs et institutions des peuples de l'Inde,* par l'abbé J. A. Dubois, ci-devant missionnaire dans le Meissour, membre de la société royale asia-

l'Inde vers 1790, ce missionnaire y vécut en effet trente années, portant les vêtements des habitants du pays, parlant leur langue et se conformant à leurs habitudes.

« J'allai, dit-il dans sa préface, jusqu'à ne point montrer de répugnance pour la plupart de leurs préjugés. C'est cette conduite circonspecte qui me valut en tout temps un accueil facile et exempt de méfiance de la part des citoyens des diverses tribus et qui me fournit souvent l'occasion de recueillir de leur propre bouche des particularités curieuses ou intéressantes ».

Une traduction anglaise de l'œuvre de l'abbé Dubois parut à Londres en 1816. Le résident anglais dans le Meissour, le major Wilks avait compris l'importance de l'œuvre. Lord William Bentinck recommanda à la Compagnie des Indes l'achat du manuscrit en s'appuyant sur ce fait que les recherches du missionnaire français aideraient les agents anglais « à régler leur conduite sur les coutumes et les préjugés des habitants », paroles dignes d'être méditées. Enfin, à son retour en France, l'abbé Dubois publia en 1825 une édition française de son livre et c'est d'elle que nous devons dire un mot.

S'il n'est pas jurisconsulte, l'abbé Dubois montre de remarquables qualités d'observateur. Aussi nous fournit-il des renseignements précieux sur les coutumes tamoules à la fin du xviiie siècle. Ses développements sur le mariage sont abondants et pleins d'intérêt, (t. I, p. 297 et suiv). Au chapitre consacré à la justice civile et criminelle (t. II, p. 455 et suiv.), on peut au contraire reprocher sa trop grande brièveté; néanmoins l'abbé Dubois décrit avec une parfaite netteté et un grand sens critique la procédure du jeûne employée par le créancier contre le débiteur, procédure qui, cinquante ans plus tard, après la publication des livres

tique de la Grande Bretagne et de l'Irlande, de la société asiatique de Paris et de la société littéraire de Madras, Paris, 1825, Imprimerie royale, 2 volumes, grand in-8º.

de Sumner Maine devait étonner si fort les jurisconsultes de l'Europe continentale. En dehors d'un curieux appendice sur les ordalies, je relève aussi ce que dit l'auteur p. 469 sur le jugement expéditif et sans appel des pantchayattai, tribunal composé de cinq arbitres.

Le gouvernement de l'Ancien Régime ne se borna pas à encourager les explorateurs. Dans l'Inde française tout au moins, il entreprit de procéder à la rédaction des coutumes indigènes que ses tribunaux appliquaient. Dans ce but il s'adressa mais en vain à un conseil de notables appelé la *Chambre de consultation*.

Un règlement du gouverneur de Pondichéry en date du 27 janvier 1778 s'exprimait de la façon suivante : « Comme il serait important au conseil supérieur et au lieutenant civil d'avoir le code des lois tamoules et un recueil des usages des Malabars et de ceux particuliers à chaque caste, afin de les juger conformément dans tous les temps nous imposons à la *Chambre de consultation* et à chacun de ses membres, pour devoir essentiel, de travailler à un ouvrage aussi intéressant pour leurs concitoyens, et nous promettons de récompenser d'une manière distinguée leurs soins et leur zèle à cet égard[1] ». La tâche dépassait les forces de la *Chambre de consultation* et elle ne put être accomplie.

1. Nous empruntons la date de ce règlement à une brochure de M. Léon Sorg, juge président du tribunal de première instance de Pondichéry, *Introduction à l'étude du droit hindou*, Pondichéry, imprimerie du gouvernement, 1895, p. 7. Sur l'organisation judiciaire de Pondichéry sous l'Ancien Régime voyez un autre ouvrage du même auteur, *Traité théorique et pratique du droit hindou applicable dans les établissements français de l'Inde*, cours professé à l'École de droit de Pondichéry, Paris, 1897, p. 89 et suiv. Notons aussi que d'après M. Sorg, *Introduction* p. 6, note 1, le nom de Malabars est, « improprement donné par les Européens, consacré du reste par l'usage, aux Hindous de caste de la côte de Coromandel ».

II

L'histoire moderne de la politique coloniale française commence à l'expédition d'Égypte malgré ses succès éphémères et son prompt échec. Si nous la signalons ici, c'est en raison de la commission d'Égypte et de sa description raisonnée du pays [1]. La publication de cette œuvre considérable reste un honneur pour la France et elle constitue la première application des principes, qui ont depuis guidé notre gouvernement après la conquête d'une colonie nouvelle.

Parmi les colonies rendues à la France par les traités de 1815, les quelques comptoirs de l'Inde possédaient seuls une population indigène libre. Je puis en effet négliger les tribus indiennes de la Guyane qui n'avaient guère de rapports avec les Européens, et les petits États nègres du Sénégal, qui jouissaient d'une indépendance complète. A la Martinique, à la Guadeloupe, à l'île Bourbon, tandis que les blancs et les affranchis vivaient sous le régime de la loi française, les esclaves n'avaient pas de droits qui leur fussent propres.

Une déclaration du gouverneur des établissements français de l'Inde datée du 13 décembre 1818 annonça que tout se passerait comme avant 1789 et l'art. 3 de l'arrêté local du 6 janvier 1819 s'exprima de la façon suivante : « Les Indiens, soit chrétiens, soit maures ou gentils seront jugés comme par le passé, suivant les lois, usages et coutumes de leur caste. » En vertu de cet arrêté, l'ancienne *Chambre de consultation* fut rétablie ; mais l'institution ne tarda pas à

1. *Description de l'Egypte ou Recueil des observations et des recherches qui ont été faites en Egypte pendant l'expédition de l'armée française, publié par ordre du gouvernement.* État moderne, tome second, deuxième partie, Paris, imprimerie royale, 1822, p. 361 et suiv., Essai sur les mœurs des habitants modernes de l'Egypte par M. de Chabrol.

soulever des critiques et un arrêté du 30 octobre 1827, signé de M. Desbassayns de Richemont la supprima en la remplaçant par un *Comité consultatif de jurisprudence indienne* établi à Pondichéry « pour éclairer les décisions du gouvernement et des tribunaux dans les questions dont la solution exige la connaissance des lois indiennes et des us et coutumes des Malabars » art. 1er. Ce comité, qui subsiste encore aujourd'hui, se compose de 9 membres titulaires et de 9 suppléants pris dans les différentes castes. Renouvelé par quart tous les deux ans il dresse une liste triple de présentation sur laquelle le gouverneur choisit les membres nouveaux, art. 3. Ces derniers prêtent serment en audience publique de la Cour d'appel. Non rétribués, les Hindous qui font partie du comité jouissent de curieuses prérogatives honorifiques dont on trouvera le détail dans l'art. 11. D'après l'art. 12, le comité se réunit le lundi de chaque semaine ou le mercredi si le lundi est un jour férié ou néfaste. Ce dernier trait méritait, croyons-nous, d'être relevé et il intéressera les historiens du droit romain. Sur l'initiative d'un tribunal, du ministère public ou de l'administration le comité est saisi d'une question de de droit posée d'une manière abstraite et sans acception de personnes. Art. 16. Il délibère à huis clos.

A peine créé, le *Comité consultatif de jurisprudence indienne* recevait une mission nouvelle. Une dépêche ministérielle du 1er mars 1828 prescrivait de constater par écrit la législation civile des indigènes et de rechercher les modifications dont elle pourrait être susceptible. L'œuvre ne fut cependant entreprise qu'en 1833. Le *Comité de jurisprudence indienne* y travailla, semble-t-il, sans enthousiasme, puisque le général de Saint-Simon crut devoir prendre contre lui des mesures coercitives, en vue d'assurer à la population « le bienfait d'un code de ses lois, us et coutumes, appropriés à l'âge présent ». (Arrêté du 28 novembre

1835). Ces mesures coercitives demeurèrent vaines et cette tentative de codification échoua[1].

Le *Comité de jurisprudence indienne* continua au contraire à remplir la mission en vue de laquelle il avait été créé. Son activité fut néanmoins assez peu considérable jusqu'au jour où un juge président du tribunal de première instance de Pondichéry, M. Léon Sorg, changea les usages antérieurs à cet égard. Convaincu que l'importance des Codes brahmaniques en langue sanscrite avait été exagérée et que la coutume constituait, pour les populations tamoules, l'élément essentiel, ce magistrat consulta le comité plus souvent que ne l'avaient fait ses prédécesseurs. Il se préoccupa en outre de réunir les registres contenant ses délibérations et de les soustraire d'une façon définitive aux termites. Avant lui, on considérait comme perdus tous les registres postérieurs à 1849 ; il retrouva ceux qui correspondaient aux années 1849 à 1862, ne laissant subsister qu'une lacune de neuf ans entre 1862 et 1871. C'est ainsi que M. Léon Sorg se mit en état de publier en 1897 à Pondichéry, avec le concours du gouvernement local, un intéressant recueil des avis du *Comité consultatif de jurisprudence indienne*[2]. Ce volume de 400 pages débute par un avis

---

1. D'après M. Léon Sorg, *Introduction à l'étude du droit hindou* p. 54, « la cause de cet insuccès est que, partant de ce point de vue erroné que les coutumes tamoules tiraient leur origine des lois sanscrites, l'on avait exigé du comité une tâche excédant sa compétence et de plus inutile. Ce conseil, en effet, n'est et n'était pas composé de jurisconsultes, mais de notables propriétaires et de commerçants n'ayant aucune connaissance juridique, ni même une instruction générale suffisante ; un seul membre, un Brahmane, connaissait le sanscrit et était chargé de colliger les textes et de les traduire ; ce dernier lui-même n'était d'ailleurs ni un érudit, ni un juriste et la confusion existant dans les lois hindoues eût suffi à égarer un esprit plus versé que le sien dans la science du droit. En admettant au surplus que l'œuvre préliminaire si considérable de compilation des textes eût pu aboutir, il aurait fallu entreprendre ensuite le seul travail utile et par lequel on aurait dû commencer tout d'abord : celui de réunir les coutumes en vigueur dont un grand nombre ne reposent sur aucun texte et sont même en contradiction absolue avec les Smritis. »

2. *Avis du Comité consultatif de jurisprudence indienne, avec une préface et des notes*, par Léon Sorg, juge président du tribunal de Pondichéry, Pondichéry, 1897, Imprimerie du gouvernement.

du 25 février 1828 et se termine par un avis du 25 février 1895. Ne quittons pas l'Inde sans signaler la création à Pondichéry d'une *Ecole de Droit* et de deux cours ayant pour objet, le premier la législation hindoue, le second le droit musulman. Vingt mille musulmans vivent en effet dans les établissements français de l'Inde[1].

III

Après la conquête de l'Algérie le problème qui s'était déjà posé pour l'Inde se posa de nouveau avec une gravité particulière ; car on se trouvait en présence de tribus guerrières tenant avec passion à leur législation, qui se rattachait de la façon la plus étroite à leurs croyances religieuses. L'exploration scientifique de l'Algérie fut entreprise aux frais et sous les auspices du gouvernement français et dès l'année 1848, le docteur Perron publiait le premier volume de sa traduction du *Moukhtaçar* ou Précis de jurisprudence dû au jurisconsulte de l'École Malekite qui jouit, de beaucoup, en Algérie de l'autorité la plus haute, au maître par excellence, à Sidi Khalil[2]. L'auteur professait la jurisprudence et la langue arabe à l'Université El Azhar du Caire et mourut vers l'an 1422 de l'ère chrétienne. C'est une nouvelle traduction de la partie de ce livre consacrée à la propriété, à ses démembrements et aux contrats que publia en 1878 M. Seignette sous le titre de *Statut réel*[3]. Interprète militaire profondément versé dans la langue arabe, ce

1. Voyez les *Leçons de droit musulman* de M. L. de Langlard, président de la cour d'appel de Pondichéry, Pondichéry, 1887.

2. *Précis de jurisprudence musulmane ou principes de législation musulmane civile et religieuse selon le rite malékite*, par Khalil-ibn-ishak, traduit de l'arabe par M. Perron de la société asiatique de Paris ; Paris imprimerie nationale, 1848-1852, 6 volumes in-4° et et un volume de table paru en 1854.

3. *Code musulman*, par Khalil (*rite malékite*), *Statut réel*, texte arabe et traduction nouvelle par V. Seignette, interprète militaire, licencié en droit, 1 vol. grand in-8°, Constantine, Alger, Paris, 1878.

nouveau traducteur n'était pas étranger aux études de droit. Il sut notamment mettre à profit le livre de Sumner Maine, l'*Ancien Droit*, que M. Courcelle Seneuil venait de faire connaître aux lecteurs français. Depuis, grâce aux efforts méritoires d'arabisants tels que M. Houdas [1] et M. Luciani [2], de jurisconsultes distingués comme M. Martel, de nouveaux textes juridiques ont pris place à côté du *Moukhtaçar* dans les bibliothèques des magistrats algériens et des historiens du droit. Quelques-unes de ces publications ont eu lieu sous les auspices du gouvernement général de l'Algérie.

On comprit du reste de bonne heure qu'il ne suffisait pas de connaître les livres de droit, qu'il importait d'observer les mœurs du peuple arabe et de se pénétrer de son esprit. « Le livre que j'annonce, dit, dans son avant-propos, le général Daumas, je ne l'ai pas trouvé dans d'autres livres, mais je l'ai rencontré sous les pas de mon cheval, pendant mon long séjour en Afrique, fragment par fragment, tantôt sous la tente et tantôt sous le gourbi, un jour assis sur la natte du pauvre, un autre jour sur le tapis du riche. Je pourrais presque dire qu'il a été fait en collaboration avec le peuple arabe tout entier ». Ce livre du général Daumas

---

1. *Traité de droit musulman. La Tohfat* d'Ebn Acem, *texte arabe avec traduction française*, par O. Houdas et F. Martel, Alger 1882-1893. Ebn Acem, cadi de Grenade, vécut de l'an 1350 à l'an 1426 de notre ère.

2. *Traité des successions musulmanes* (ab intestat), *extrait du commentaire de la Rahbia par Chenchouri, de la glose d'El Badjouri et d'autres auteurs arabes*, par J. D. Luciani, ancien administrateur de commune mixte, sous-chef de bureau au gouvernement général de l'Algérie, avec une préface par M. Zeys, président de chambre à la Cour d'appel d'Alger, Paris 1890. La Rahbia est un poëme didactique sur les successions en 175 vers. L'œuvre de M. Luciani a une réelle importance. M Luciani a en outre publié, sous les auspices du gouvernement général de l'Algérie, une œuvre posthume du docteur Perron, le traducteur du *Moukhtaçar*. Je fais allusion à la *Balance de la loi musulmane ou esprit de la législation islamique et divergences de ses quatre rites jurisprudentiels*, par Chârani, traduit de l'arabe par le docteur Perron, Alger, 1898. Citons enfin le *Code du habous ou ouakf selon la législation musulmane, suivi de textes des bons auteurs et de pièces originales*, par Ernest Mercier, interprète traducteur assermenté, Constantine, 1899.

La vie arabe et la société musulmane [1], sans tenir toutes les promesses de son titre, renferme cependant p. 483 et suiv. un intéressant recueil de proverbes et de sentences. L'historien du droit consultera également avec fruit les « *Mœurs, coutumes et institutions des indigènes de l'Algérie* par le lieutenant colonel Villot, ancien chef de bureau arabe [2].

Aucun de ces ouvrages ne peut cependant être considéré comme égalant, au point de vue des services rendus à notre science, le beau travail du général Hanoteau et de M. Letourneux, conseiller à la Cour d'Alger, *La Kabylie et les coutumes kabyles* [3]. C'est une description de la Kabylie proprement dite, « celle où, dit M. Zeys, dans la préface de la seconde édition, le Berbère est demeuré surtout fidèle à ses origines encore mystérieuses, où il offre le spectacle intéressant du jeu de ses institutions séculaires. » Après un premier volume consacré au pays et à ses habitants (statistique de la population, races, langue, religion, topographie médicale, hygiène, maladies, agriculture, industrie et commerce), MM. Hanoteau et Letourneux traitent, dans le tome II de l'organisation politique et administrative et du droit civil, dans le tome III de la procédure civile, du droit pénal et de l'instruction criminelle. Un intéressant recueil de *kanoun* ou règlements législatifs des tribus kabyles termine cette importante publication, due à la collaboration d'un excellent observateur, le général Hanoteau qui commanda longtemps la subdivision de Dellys et connaissait à fond la langue et les mœurs de ses administrés, et de M. Letourneux,

---

1. *La vie arabe et la société musulmane*, par le général E. Daumas, ancien directeur des affaires arabes en Algérie, ancien directeur des affaires de l'Algérie au ministère de la guerre, Paris, 1869, grand in-8º.

2. *Mœurs, coutumes et institutions des indigènes de l'Algérie*, par le lieutenant colonel Villot, ancien chef de bureau arabe, 3º édition, Alger, 1888.

3. *La Kabylie et les coutumes kabyles*, par A. Hanoteau, général de brigade et A. Letourneux, conseiller à la Cour d'appel d'Alger, première édition, Paris, imprimerie nationale, 1873, seconde édition, revue et augmentée des lois et décrets formant la législation actuelle, Paris, 1893, 3 vol. grand in-8º.

L'histoire comparée du droit.　　　　　2

magistrat distingué qui joignait à la science du jurisconsulte
et à l'expérience des affaires, de profondes connaissances en
histoire naturelle. Dans la préface de leur première édition,
préface datée de Fort-Napoléon, septembre 1868, et qui ne
devait paraître que 5 ans plus tard, ces savants auteurs
exposaient leur méthode de la façon suivante : « Exempts
de parti pris et de préjugés de race, nous avons eu pour
unique préoccupation la recherche exacte de la vérité. Pendant quatre ans, nous n'avons négligé aucun moyen
d'investigation : étude des *kanoun*, lecture des délibérations des djemâa et des actes des eûlama, examen journa-
lier des habitudes sociales et privées, renseignements pris
auprès des hommes qui, par leur position, avaient été mêlés
activement aux affaires avant l'occupation française ».
Voilà, on en conviendra, un remarquable programme et qui
mérite de servir de modèle.

C'est encore aujourd'hui dans le livre du général Hanoteau et de M. Letourneux qu'il convient d'étudier les institutions et le droit kabyles. Le maréchal Randon, ministre
de la guerre, projeta, à la vérité, sous le second Empire,
de faire rédiger un Code civil kabyle par une commission
mixte composée à la fois d'indigènes, d'officiers et de
magistrats français ; mais cette idée demeura à l'état de
simple projet, la commission mixte ne fut jamais nommée.
Enfin, après la répression de l'insurrection de 1871 et
l'introduction de la justice française en Kabylie, les prési-
dents des tribunaux de première instance de Bougie et de
Tizi-Ouzou et les juges de paix des deux ressorts reçurent
la mission de réunir les *kanoun* de tous les villages ; pendant plusieurs années, le *Comité de législation étrangère*
du ministère de la justice annonça comme devant paraître
dans sa *Collection des principaux Codes étrangers*, le
recueil formé à la suite de cette enquête ; aujourd'hui, à
notre grand regret, il ne semble plus être question de cette
publication.

Bien que différant à plusieurs égards de *La Kabylie et les coutumes Kabyles*, le livre d'un directeur de l'École supérieure des lettres d'Alger, M. Masqueray, mérite d'être rapproché de l'œuvre de MM. Hanoteau et Letourneux. *Formation des cités chez les populations sédentaires de l'Algérie*[1], tel est le titre de cette étude remarquable qui s'applique non seulement aux populations berbères du Jurjura mais à celles de l'Aurès et aux Mzabites.

Reste enfin à signaler à propos de l'Algérie la jurisprudence de la Cour d'appel et l'œuvre déjà si importante de l'École de Droit fondée en 1879.

La Cour d'appel d'Alger, composée de vingt-quatre conseillers, comprend quatre chambres dont deux s'occupent des appels en matière indigène, la première en matière musulmane proprement dite et la seconde en matière kabyle. Cette dernière chambre renferme des assesseurs indigènes qui ont seulement voix consultative. Le décret du 10 septembre 1886 sur l'organisation de la justice musulmane en Algérie a d'ailleurs diminué l'importance de ces deux chambres, en limitant le domaine d'application du droit indigène, grave mesure sur laquelle nous n'avons pas à nous expliquer ici. Le décret du 17 avril 1889 a reproduit avec quelques modifications de détail celui du 10 septembre 1886.

Dès 1855, M. Eugène Robe fondait le *Journal de jurisprudence de la Cour d'Alger*. C'est le même auteur qui devait publier plus tard deux ouvrages consacrés à la propriété immobilière en Algérie et jouissant encore aujourd'hui d'une légitime autorité[2].

Lorsque la loi du 20 décembre 1879 eût créé *l'École supérieure de Droit d'Alger*, l'enseignement du droit

---

1. *Formation des cités chez les populations sédentaires de l'Algérie*, par Masqueray ; Paris, 1886.

2. Eugène Robe : *Les lois de la propriété immobilière en Algérie*, Alger, 1864, 1 vol. in-8°. *La propriété immobilière en Algérie*, commentaire de la loi du 26 juillet 1873, Alger, 1875, 1 vol. in-8°.

musulman et des coutumes indigènes figura dans son programme. Le savant magistrat qui fut chargé de cet enseignement nouveau, M. Zeys, a publié, entre autres ouvrages,
un *Traité élémentaire du droit musulman algérien* [1] et la
leçon d'ouverture d'un cours spécial consacré à la législation
des dissidents du Mzab ou législation abadite [2].

On doit en outre considérer comme un service signalé
rendu à la science la création de la *Revue algérienne et
tunisienne de législation et de jurisprudence*.

Fondée en 1885 par les professeurs de l'École de Droit
d'Alger et par leur directeur, notre collègue M. Estoublon [3],
aujourd'hui professeur de Droit musulman à la Faculté de
Droit de Paris, cette revue est entrée dans la seizième année
de son existence. Elle se divise en trois parties consacrées
la première à la doctrine et à la législation, la seconde à la
jurisprudence, la dernière enfin aux lois, décrets, arrêtés.
C'est déjà un recueil précieux et qui méritait d'être signalé
ici [4].

IV

Outre l'achèvement de la conquête de l'Algérie, la part
du second Empire dans l'expansion coloniale de la France

1. *Traité élémentaire du droit musulman algérien* (rite malekite) par E.
Zeys, Alger, t. I, 1885, t. II, 1886.
2. *Législation mozabite, son origine, ses sources, son présent, son avenir*,
leçon d'ouverture faite à l'École de Droit d'Alger par E. Zeys, président de
chambre à la Cour d'appel, chargé de cours à l'École de Droit, Alger, 1886.
3. Nous sommes redevables à M. Estoublon de plusieurs des renseignements contenus dans cette étude et nous sommes heureux de l'en remer-
cier.
4. Bornons-nous à signaler sur Taïti *Le voyage autour du Monde* du
naturaliste R. P. Lesson, Paris, 1838, 2 volumes in-8°. Il s'agit du voyage
accompli sous le règne de Louis XVIII par la corvette *La Coquille* com-
mandée par M. Duperrey. Le tome 1er contient un intéressant chapitre XI,
ainsi intitulé : *Détails sur les coutumes des O'taïtiens et sur les missions
protestantes dans les îles de la Société*. Pour les Marquises, citons l'*Archipel
des îles Marquises*, par M. P. E. Eyriaud, lieutenant de vaisseau, Paris,
1877, p. 19 et suiv.

consiste dans l'occupation de la Nouvelle-Calédonie et de la Basse Cochinchine. Sur les tribus canaques de la Nouvelle-Calédonie je me borne à renvoyer au livre de M. Augustin Bernard [1], qui a donné une bibliographie du sujet et a résumé les notions encore bien incomplètes que nous possédons sur la famille, la condition des femmes, les villages, les tribus, les chefs, les coutumes politiques et religieuses.

L'empire d'Annam mérite au contraire toute notre attention. Au moment où l'amiral Rigault de Genouilly se présentait devant Tourane le 31 août 1858, les missionnaires français accomplissaient dans l'Annam, depuis plus de deux siècles, une œuvre de la plus haute importance.

Déjà au XVIIᵉ siècle, un jésuite français le P. de Rhodes faisait connaître le pays où il exerça son long apostolat commencé en 1624.

Plus tard, lorsque Gia-long eût reconquis l'empire avec l'aide de Mgr Pigneau de Behaine, évêque d'Adran, négociateur du traité de Versailles du 28 novembre 1787 et de quelques officiers ses compatriotes, Chaigneau, Vannier, Ollivier, Dayot, les missionnaires français de la première moitié de ce siècle consignèrent dans leurs archives de précieuses observations sur le pays et ses habitants, observations que l'un d'entre eux, M. Le Grand de la Liraye peut-être, mit en ordre vers 1859, en vue d'éclairer le commandant des troupes françaises. Ce mémoire anonyme portait le titre de *Aperçu sur la géographie, les productions, l'industrie, les mœurs et les coutumes du royaume d'Annam*. Ce fut seulement en 1875 que l'administration française se décida à faire profiter le public de cette remarquable étude, qui parut sans nom d'auteur pendant les années 1875 et 1876 comme feuilleton du journal

---

1. *L'Archipel de la Nouvelle-Calédonie*, par Augustin Bernard, chargé de cours à l'École supérieure des lettres d'Alger, Paris, 1895 (thèse de doctorat ès lettres), p. 288 et suiv.

officiel d'alors, le « *Courrier de Saïgon* ». Les historiens du droit l'auraient néanmoins sans doute ignorée, si M. Silvestre n'avait eu la bonne pensée de l'éditer de nouveau à Paris, en 1889, avec des chapitres complémentaires et sous le titre suivant : *L'Empire d'Annam et le Peuple annamite* [1].

Si les missionnaires avaient ouvert la voie, leur exemple fut suivi par les inspecteurs des affaires indigènes empruntés aux différents corps de la marine.

L'un d'entre eux, le lieutenant de vaisseau Luro, camarade de promotion et ami de Francis Garnier écrivait en 1878 dans son beau livre, *Le pays d'Annam*, p. 15 [2] : « L'étude des langues, des mœurs, des lois, de la littérature des divers peuples de l'Indo-Chine, et en particulier de notre colonie, peut seule éclairer notre politique et notre administration. Nous sommes d'ailleurs heureux de reconnaître, qu'en ce qui concerne la Cochinchine il a été fait beaucoup sous les gouverneurs successifs. »

Parmi ces gouverneurs successifs auxquels M. Luro rend un hommage mérité, bornons-nous à signaler le contre-amiral de Lagrandière, le véritable fondateur de la colonie, et le contre-amiral Dupré, sous le gouvernement duquel fut créé à Saïgon en 1873 le *Collège des stagiaires*. Institution remarquable, qui ne dura malheureusement pas très longtemps, le *Collège des stagiaires* devait doter la colonie d'administrateurs connaissant à fond la langue et les coutumes de leurs administrés. Le cours de M. Luro sur l'administration et la justice indigènes, cours autographié, témoigne encore aujourd'hui de l'activité scientifique de ce *Collège*.

1. *L'Empire d'Annam et le peuple annamite*, aperçu sur la géographie, les productions, l'industrie, les mœurs et les coutumes de l'Annam, publié sous les auspices de l'Administration des colonies, annoté et mis à jour, par J. Silvestre, administrateur principal en Cochinchine, professeur à l'École des Sciences Politiques, Paris, 1889.

2. *Le pays d'Annam*. Étude sur l'organisation politique et sociale des Annamites, par E. Luro, lieutenant de vaisseau, inspecteur des affaires indigènes en Cochinchine, Paris, 1878.

Signalons aussi comme un grand service rendu à notre science la fondation en 1879 à Saïgon, aux frais de la colonie, d'un recueil intitulé *Excursions et Reconnaissances, Cochinchine française* [1]. Ce recueil, dont la publication a malheureusement cessé en 1890, mais qui comprend quinze volumes a inséré un grand nombre de travaux importants, parmi lesquels je me borne à citer *La commune annamite* de M. Landes, les *études* de M. Villard *sur le droit civil et sur le droit pénal annamites*, le travail de M. Labussière *sur la propriété foncière en Cochinchine et particulièrement dans l'inspection de Soctrang.*

Le Code annamite avait été rédigé en 1812 sous le règne de Gia-Long. Écrit en langue chinoise, il reproduisait le Code chinois avec quelques modifications ; indépendamment des lois criminelles, il contenait des prescriptions rituelles développées et de nombreux règlements relatifs aux fonctionnaires ; il s'occupait au contraire fort peu du droit civil, dont la source se trouvait dans la coutume. En 1876, M. Philastre a donné de ce Code une traduction complète [2].

Comme on le voit, il s'était agi pendant les vingt premières années de l'occupation française de rechercher quelle était la législation annamite. L'administration civile fut animée d'un autre esprit que celle des amiraux. Un décret du 16 mars 1880 promulgua dans la Cochinchine française le Code pénal métropolitain, en lui faisant seulement subir quelques légères modifications. Un décret du 3 octobre 1883 rendit applicables en Cochinchine les titres, préliminaires, I et III du Code civil français. Un autre décret du même jour réglementa l'état civil des Annamites. Enfin, conformément à l'article 3 du premier décret un *Précis*

---

1. *Excursions et Reconnaissances. Cochinchine française*, t. I, 1879, Saïgon, Imprimerie du gouvernement, t. 15, *Indo-Chine française*, Hanoï, 1890.
2. *Études sur le droit annamite et chinois. Le Code annamite, nouvelle traduction complète*, par P. L. Philastre, Paris, 1876, 2 vol. in-4°.

rédigé par les soins du ministre de la marine et des colonies
et du garde des sceaux fixa, d'après les lois et usages annamites, les principes du droit civil sur les matières traitées
dans les autres titres du premier livre du Code civil
(Absence, mariage, divorce, paternité et filiation, adoption,
puissance paternelle, minorité, tutelle, émancipation, majo-
rité).

Dans la pensée de ses rédacteurs, ce *Précis*[1] qui avait
été soumis au *Conseil privé* de la colonie constitue : « un
essai de législation coloniale qui, sans heurter les mœurs
indigènes, tente de les rapprocher des lois de la métropole. »
Tentative dangereuse à notre avis. Connaissons nous suffi-
samment l'âme indigène pour ne pas risquer de soulever
contre nous de profondes rancunes par des innovations
imprudentes? S'agit-il de constater les traditions, ne voit-
on pas combien ce court résumé rédigé dans les bureaux,
d'une façon impersonnelle et sèche, remplit mal son but?

En dehors de ce *Précis*[2], il importe de consulter, d'une
part, la jurisprudence[3] déjà abondante des tribunaux de
première instance et de la Cour de Saïgon et les livres de
deux magistrats français, MM. Denjoy et Miraben.

Le nouvel empire colonial de la France dans l'Indo-Chine
ne comprend pas seulement la colonie de la Cochinchine.
Dès l'année 1863, l'amiral de Lagrandière obtenait que le
roi du Cambodge plaçât son royaume sous le protectorat de
la France. Plus tard, des traités successifs consacrèrent ce
protectorat dans l'Annam proprement dit et au Tonkin,
enfin au Laos.

1. On trouvera ce *Précis* avec une notice de M. Paul Pinchon, rédac-
teur au ministère de la justice dans l'*Annuaire de Législation française
publié par la Société de Législation comparée*. Tome III, 1884, p. 121 et suiv.

2. *Étude pratique de la législation annamite*, par Paul Denjoy, Paris,
1894. — *Précis de droit annamite et de jurisprudence en matière indigène*,
par A. Miraben, Paris, 1896.

3. On trouvera cette jurisprudence dans le *Journal judiciaire de l'Indo-
Chine française*, années 1890 et suiv. et dans *la Tribune des Colonies et des
Protectorats (Journal de jurisprudence, de doctrine et de législation colo-
niales)*, Paris, 1re année 1891.

Le petit royaume Khmer, aujourd'hui bien déchu mais qui a conservé des traces de sa grandeur passée, attira rapidement l'attention de nos officiers.

Bornons-nous à citer les noms du lieutenant d'infanterie de marine Aymonier, aujourd'hui directeur de l'École coloniale [1] et du lieutenant de vaisseau Moura [2]. Le livre important publié, cette année même, par le premier de ces auteurs renferme deux chapitres assez étendus sur les institutions et les lois.

En 1881 un anonyme qui n'était autre que Mgr Cordier, évêque du Cambodge, donnait aux *Excursions et reconnaissances* la traduction de dix lois cambodgiennes.

Enfin M. A. Leclère, résident de France, publiait successivement ses recherches sur le droit privé [3], le droit public [4], la législation criminelle, la procédure [5] et, il y a deux ans, ses *Codes cambodgiens* [6], recueil du plus haut intérêt qui nous fait connaître cinquante-quatre lois promulguées à différentes époques.

Au courant des travaux de l'école de l'histoire comparée du droit, M. A. Leclère a su mettre à profit sa situation officielle et ses enquêtes sur les institutions et sur les coutumes méritent d'être signalées.

Le régime du protectorat ayant été établi dans l'Annam proprement dit et au Tonkin, comme au Cambodge, les résidents français jouissaient eux aussi de l'avantage de voir fonctionner sous leurs yeux la justice indigène. J'ajoute que

---

1. *Géographie du Cambodge*, Paris, 1876, in-8º. *Le Cambodge, le royaume actuel*, Paris, 1900.

2. *Le Royaume du Cambodge*, par J. Moura, Paris, 1883, 2 vol. grand in-8º.

3. *Recherches sur la législation cambodgienne (Droit privé)*, par Adhémard Leclère, résident de France au Cambodge, Paris, 1890, 1 vol. in-8º.

4. *Recherches sur le Droit public des Cambodgiens*, Paris, 1894, 1 vol. in-8º.

5. *Recherches sur la législation criminelle et la procédure civile des Cambodgiens*. Paris, 1894, 1 vol. in-8º.

6. *Les Codes Cambodgiens*, Paris, 1898. 2 vol. grand in-8º.

les institutions annamites pouvaient être étudiées avec plus de sûreté que dans la Basse Cochinchine, dont la conquête sur les Khmer fut achevée seulement au milieu du xviiie siècle.

Aussi, dès 1894, M. Ory publiait-il une très intéressante brochure sur la *Commune annamite au Tonkin* [1] et il est permis d'espérer que c'est là seulement le début d'un sérieux mouvement scientifique. La création récente de *l'École d'Extrême Orient*, mission permanente consacrée aux études indo-chinoises, ne pourra que favoriser ce mouvement scientifique. L'installation des autorités françaises au Laos est au contraire trop récente pour qu'elle ait déjà pu produire des résultats appréciables au point de vue de notre science.

V

L'œuvre coloniale de la troisième République ne s'est pas bornée, on le sait, à l'Indo-Chine. Nous ne saurions passer sous silence la Tunisie, l'Afrique occidentale, Madagascar.

L'exploration scientifique de la Tunisie a suivi de près le traité du Bardo [2]. J'ajoute que la politique française, très bien inspirée à notre avis, s'efforça de ne pas troubler l'organisation de la société tunisienne. Si le protectorat créa des tribunaux nouveaux, il laissa subsister à côté d'eux les tribunaux indigènes. En dehors d'intéressants articles de la *Revue algérienne et tunisienne*, signalons la création à Tunis

---

1. *La commune Annamite au Tonkin*, par P. Ory, résident de France, Paris, 1894, 1 brochure in-8°.

2. On trouvera une liste des publications de la *Mission de l'exploration scientifique de la Tunisie* dans la *Revue tunisienne publiée* par le comité de l'Institut de Carthage (association tunisienne des lettres, sciences et arts) sous la direction de M. Eusèbe Vassel, secrétaire général, n° 20, octobre 1898, Tunis, 1898.

du *Journal des tribunaux de la Tunisie* [1], qui en est à sa douzième année d'existence. Grâce à l'initiative d'un arabisant distingué, M. Machuel, directeur de l'enseignement public, on institua dans la même ville une chaire d'arabe et une chaire de droit musulman confiée à un indigène, le cheikh Si Mohammed Elmourali. M. Abribat, ancien interprète de l'armée d'Afrique, traduisit et annota le recueil de notions de droit et d'actes judiciaires du cheikh Mohammed Elbachir Ettouati [2]. Enfin M. René Millet, résident général, nomma une commission de cinq membres chargée de la codification des lois tunisiennes.

Cette commission a discuté et adopté un *Avant-projet de Code civil et commercial tunisien* rédigé par un de ses membres, M. Santillana, avocat [3]. Ce remarquable avant-projet, publié l'année dernière, mérite toute notre attention non seulement par sa doctrine, mais aussi par ses notes précieuses. M. Santillana cite en effet non seulement les œuvres des juriconsultes musulmans qui ont été imprimées, mais encore les manuscrits arabes de la grande mosquée de Tunis. Il rapproche les articles proposés des dispositions correspondantes du droit romain, des législations de l'Europe contemporaine, des codes égyptiens pour les indigènes. L'*Avant-projet* laisse d'ailleurs de côté le mariage, les successions et les autres matières considérées comme dépendant de la loi religieuse. Il se compose seulement de deux livres consacrés, le premier à la théorie générale des obligations, le second aux différents contrats et aux quasi-

1. *Journal des tribunaux de la Tunisie*, revue bimensuelle de législation et de jurisprudence fondée par M. Louis Bossu, Tunis, 1888 et années suivantes.

2. *Recueil de notions de droit musulman (rite malékite et rite hanafite) et d'actes notariés : judiciaires et extrajudiciaires*, par le cheikh Monseigneur Mohammed Elbachir Ettouati traduit et annoté par Jules Abribat, licencié en Droit, ancien interprète de l'armée d'Afrique et du corps expéditionnaire de Tunisie, Tunis, 1896, 1 vol. in-8°.

3. *Travaux de la commission de codification des lois tunisiennes*. Fascicule 1. *Code civil et commercial tunisien. Avant projet discuté et adopté au rapport* de M. D. Santillana, avocat, Tunis 1899, 1 volume grand in-4°.

contrats qui s'y rattachent. C'est dans ce livre II que l'Avant-projet traite de l'hypothèque, du nantissement et du droit commercial, de la lettre de change et autres effets de circulation et du compte courant, de l'insolvabilité ; quel que soit l'avenir réservé à la tentative de codification, dont je viens de rendre compte, la publication de cet *Avant-projet* constitue un réel service rendu à la science.

VI

Quant aux colonies de l'Afrique occidentale, j'ai peu de choses à ajouter aux renseignements déjà donnés par M. Post dans son livre sur le droit des peuples de l'Afrique [1] et par M. Kohler dans sa brochure sur le droit des nègres, spécialement dans le Kameroun [2]. Il suffit de parcourir ces deux ouvrages pour constater la part importante prise à l'étude des différentes peuplades par les officiers français et en particulier par les médecins de la marine française. Bornons-nous à citer une publication officielle du Ministère de la marine et des colonies, *Sénégal et Niger* [3], le livre de M. Madrolle, *En Guinée* [4] et enfin le remarquable *Essai sur la propriété foncière indigène* au Sénégal dû à M. G. Pierre [5], ancien procureur de la République à Dakar. Signalons encore les instructions données en 1899 aux commandants de régions et de cercles du Soudan français par le

1. *Afrikanische Jurisprudenz* von Dr A. H. Post, Oldenburg und Leipzig, 1892.
2. *Ueber das Negerrecht, namentlich in Kamerun von* Prof. Dr J. Kohler Stuttgart, 1895, *Separat-Abdruck aus der Zeitschrift für vergleichende Rechtswissenschaft.*
3. *Sénégal et Niger. La France dans l'Afrique Occidentale de* 1879 à 1883 Ministère de la marine et des colonies, Paris, 1884.
4. *En Guinée*, par Claudius Madrolle, 2e édition, Paris, 1895.
5. Cet *Essai* a paru dans la *Revue générale du droit, de la législation et de la jurisprudence en France et à l'étranger*, t. 20, année 1896, p. 97 et suiv.

général de Trentinian, qui commandait ce territoire avant
sa récente dislocation et son rattachement aux colonies voi-
sines. Dans sa circulaire du 26 janvier 1899 relative aux
travaux des officiers et fonctionnaires[1], le général de Trentinian demandait à ses subordonnés des rapports sur les
mœurs et coutumes de leurs administrés, leur religion et
leur langue.

VII

Reste enfin à dire un mot de Madagascar. Dès les premiers mois de 1897, l'administration française commençait
la publication à l'imprimerie officielle de Tananarive d'une
revue alors mensuelle et qui portait le titre *Notes, Reconnaissances et Explorations*. Signalons dans le tome II de
cette très intéressante revue une *Étude ethnologique sur
les Betsileos* par le docteur Besson, administrateur en chef
de Fianarantsoa, dans le t. III la traduction des Codes malgaches promulgués sous le règne de Ranavalona II, l'un
en 1868, l'autre en 1881, traduction due au docteur Lacaze,
chef de la section des affaires indigènes, et à M. Raybaud,
administrateur adjoint. Ces deux lois qui n'ont bien entendu
que le nom de commun avec nos codes s'appellent aussi
dans l'usage, en raison du nombre de leurs articles, la première les 101, la seconde les 305. Elles méritent toute
l'attention des historiens du droit. Je signale dans le Code
de 1868 l'art. 59 qui défend de donner en gage une per-
sonne libre et qui supprime l'esclavage pour dettes, les
art. 91, 92, 97 relatifs aux peines des plaideurs téméraires.
Ces lois constituent une remarquable tentative de réforme
des vieilles coutumes, tentative accomplie sous l'influence
européenne. Elles s'efforcent, en même temps, d'augmenter

---

1. *Gouvernement du Soudan français. Instructions à l'usage des commandants de régions et de cercles*, Paris, 1899, p. 120 et suiv.

les droits de l'État au détriment de ceux du village et de la famille. Il semble qu'elles avaient échoué, au moins dans une assez large mesure, et cet échec relatif devrait nous servir d'enseignement.

Le même tome III contient des *Notes d'histoire malgache* par M. Gautier, directeur de l'enseignement, qui s'est occupé également des Sakalaves du Ménabé.

Dans le tome IV je relève une étude de M. Durand relative aux Tanalas d'Ambohimanga du Sud, dans le tome V le travail de M. Bartholomé sur le régime de la propriété foncière à Madagascar et une bibliographie complète de cette île, due à M. Julien [1].

En dehors des publications officielles, citons deux livres récents qui présentent une réelle importance.

L'écrivain qui signe Jean Carol [2] voit dans le peuple hova dont il ne se dissimule cependant pas les défauts : « un peuple jeune, instruit, organisé, plein de nobles aspirations ». Ce peuple, dont les conceptions sont très éloignées des nôtres, pourrait devenir notre collaborateur, à la condition de respecter son organisation politique et sociale et d'essayer de le comprendre. M. Jean Carol, dont nous partageons les idées sur beaucoup de points, s'exagère du reste l'originalité des institutions hovas, spécialement du fokonolona qui n'est autre que « l'assemblée de village » de l'histoire comparée du droit. N'étant pas jurisconsulte lui-même, il a eu le mérite de nous donner un petit traité de droit plein de saveur rédigé par un lettré indigène, Nimbol-Samy.

C'est dans un tout autre esprit que M. Cahuzac, conseiller à la Cour d'Appel de Tananarive a rédigé *son Essai sur*

1. L'Administration française a, dans un but de propagande, inséré sans nom d'auteurs, les études sur les différentes peuplades de Madagascar dans un manuel publié sous le titre de *Guide de l'immigrant à Madagascar*, Paris, 1899, 3 vol. grand in-8°.

2. *Chez les Hovas* (au Pays Rouge), par Jean Carol, Paris, 1898, 1 volume grand in-8°.

les institutions et le droit malgaches [1] dont le tome premier a seul paru. Ce qu'il veut, c'est faciliter l'administration de la justice française. Tandis que l'art. 16 du décret organique du 9 juin 1896 laissait subsister les anciens tribunaux indigènes, le décret du 24 novembre 1898, confirmant deux arrêtés locaux, attribue la connaissance des procès entre Malgaches à nos administrateurs et à nos officiers, en mettant seulement à côté du juge français deux assesseurs indigènes qui ont voix consultative. Deux assesseurs indigènes sont également attachés à la Cour de Tananarive, qui statue en appel. C'est en s'aidant de la science de ces derniers que M. Cahuzac a pu accomplir son œuvre méritoire. Après un aperçu sur les institutions malgaches, il expose dans ce premier volume « toutes les questions du statut personnel, les conventions matrimoniales et les rapports pécuniaires des époux, le système successoral, les donations et testaments, le système foncier d'autrefois et d'aujourd'hui ». J'appelle en particulier l'attention des historiens du droit sur le chapitre de l'adoption et sur celui du rejet d'enfant.

En résumé, l'œuvre scientifique accomplie dans nos colonies est déjà considérable et l'on ne saurait accuser le gouvernement français de n'avoir pas encouragé les travailleurs. Émettons le vœu qu'il persévère dans cette voie et qu'il favorise l'étude des langues et des coutumes indigènes par des récompenses données à ceux de ses agents qui s'y consacreront, par des périodiques largement ouverts aux libres recherches, par des subventions destinées à aider la publication des travaux particuliers. Peut-être aussi serait-il utile de créer à l'École coloniale un cours d'histoire comparée des Institutions et du Droit, afin de permettre aux futurs administrateurs coloniaux de connaître l'état actuel

---

1. *Essai sur les institutions et le droit malgaches*, par Albert Cahuzac, conseiller à la Cour d'appel de Tananarive. Tome premier, Paris, 1900, 1 vol. grand in-8°.

de la science et de les mettre en garde contre le danger de
s'exagérer le caractère original de la race dont ils s'occupent
d'une façon spéciale. Si je ne craignais pas de paraître sor-
tir de notre domaine, je souhaiterais enfin que l'on main-
tînt, dans la plus large mesure possible, les juridictions indigènes et que les magistrats coloniaux peu nombreux du
reste fussent spécialisés, de façon à ne pas être contraints
d'appliquer, dans l'espace de peu d'années, le droit musulman, les coutumes des populations fétichistes du Sénégal,
les législations malgache, hindoue et annamite.

Au contraire, la codification officielle des coutumes indigènes nous paraît pleine de dangers [1]. « Il ne faut jamais
interroger un Houve, quand on entend savoir la vérité,
dit M. Jean Carol dans le livre cité tout-à-l'heure. Il faut
la lui surprendre par d'autres moyens, que seuls sauront
employer les hommes vraiment familiarisés avec ces indigènes ». L'observation n'est pas seulement exacte pour les
Malgaches des hauts plateaux de l'Imerina. J'ajoute que
consulter un conseil de notables indigènes c'est s'exposer
à obtenir seulement la réponse jugée conforme aux désirs
de l'autorité qui a pris l'initiative. On ne saurait considérer
comme heureuse l'idée d'employer dans nos colonies la méthode de rédaction des coutumes, qui a si bien réussi en
France à la fin du xve et au commencement du xvie siècle.

---

1. Un arrêté du gouverneur des établissements français de l'Océanie
en date du 27 octobre 1898 approuve une codification des lois indigènes
pour l'Archipel de la Société. Le texte en français et en taïtien est tenu
à la disposition du public à Papeete et à Raïatea. Ne connaissant pas ce
texte, nous ne pouvons pas apprécier cette codification. Nous ignorons
même si le recueil, dont il s'agit, a été imprimé ou seulement autographié.

MACON, PROTAT FRÈRES, IMPRIMEURS

MACON, PROTAT FRÈRES, IMPRIMEURS